BEI GRIN MACHT SICH IHR WISSEN BEZAHLT

- Wir veröffentlichen Ihre Hausarbeit, Bachelor- und Masterarbeit

- Ihr eigenes eBook und Buch - weltweit in allen wichtigen Shops

- Verdienen Sie an jedem Verkauf

Jetzt bei www.GRIN.com hochladen und kostenlos publizieren

G R I N

Bibliografische Information der Deutschen Nationalbibliothek:

Die Deutsche Bibliothek verzeichnet diese Publikation in der Deutschen National-bibliografie; detaillierte bibliografische Daten sind im Internet über http://dnb.d-nb.de/ abrufbar.

Dieses Werk sowie alle darin enthaltenen einzelnen Beiträge und Abbildungen sind urheberrechtlich geschützt. Jede Verwertung, die nicht ausdrücklich vom Urheberrechtsschutz zugelassen ist, bedarf der vorherigen Zustimmung des Verla-ges. Das gilt insbesondere für Vervielfältigungen, Bearbeitungen, Übersetzungen, Mikroverfilmungen, Auswertungen durch Datenbanken und für die Einspeicherung und Verarbeitung in elektronische Systeme. Alle Rechte, auch die des auszugsweisen Nachdrucks, der fotomechanischen Wiedergabe (einschließlich Mikrokopie) sowie der Auswertung durch Datenbanken oder ähnliche Einrichtungen, vorbehalten.

Impressum:

Copyright © 2016 GRIN Verlag, Open Publishing GmbH
Druck und Bindung: Books on Demand GmbH, Norderstedt Germany
ISBN: 9783668216365

Dieses Buch bei GRIN:

http://www.grin.com/de/e-book/322432/transgenerationale-weitergabe-von-trau-mata-das-trauma-der-ueberlebenden

Anonym

Transgenerationale Weitergabe von Traumata. Das Trauma der Überlebenden des Holocausts

GRIN Verlag

GRIN - Your knowledge has value

Der GRIN Verlag publiziert seit 1998 wissenschaftliche Arbeiten von Studenten, Hochschullehrern und anderen Akademikern als eBook und gedrucktes Buch. Die Verlagswebsite www.grin.com ist die ideale Plattform zur Veröffentlichung von Hausarbeiten, Abschlussarbeiten, wissenschaftlichen Aufsätzen, Dissertationen und Fachbüchern.

Besuchen Sie uns im Internet:

http://www.grin.com/

http://www.facebook.com/grincom

http://www.twitter.com/grin_com

Inhalt

1 Einleitung

TTT. Transgenerational Transmission of Trauma, zu Deutsch auch Transgenerationale Weitergabe von Traumata genannt. Als ein vergleichsweise neues psychoanalytisches Phänomen wurde die Übertragung eines Traumas auf Folgegenerationen bereits mittels diverser Studien untersucht und bis zu einem gewissen Grad auch bestätigt. Erstmals beschäftigten sich Psychoanalytiker mit der TTT Theorie infolge der traumatischen Erlebnisse während des Holocaust. Es zeigte sich, dass vermehrt die Kinder von Holocaust-Überlebenden ärztliche Hilfe zur Bewältigung ihres geerbten Traumas aufsuchten. Zwar hat die Generation jüdischer Kriegsenkel die Geschehnisse während des historischen Ereignisses nicht leibhaftig miterlebt, doch haben sich die schrecklichen Erfahrungen der Eltern im Unterbewusstsein einiger Kinder manifestiert und richten dort mehr oder weniger schwere Schäden an.

In der folgenden wissenschaftlichen Hausarbeit bezüglich der transgenerationalen Weitergabe von Traumata am Beispiel des Holocaust soll ebenjenes Phänomen der psychoanalytischen Sozialforschung erörtert werden, beginnend mit einem Historischen Umriss des Holocaust. Nachdem die Geschehnisse während des Holocaust als Folge des Antisemitismus im Nationalsozialismus ausreichend geschildert wurden sind einige Begriffsdefinitionen vonnöten, um die Theorie der TTT begreiflich zu vermitteln. Das Trauma, die Übertragung, ebenso wie die Transgenerationalität werden im Zuge dessen erläutert. Um über das Holocaust-Trauma zu sprechen ist eine Beschreibung dessen unumgänglich. Nachdem die nötigen Begriffe und elementare Sachverhalte dargelegt wurden wird die Theorie der transgenerationalen Weitergabe des Holocaust-Traumas anhand der Festlegung von jüdischen Kriegskinder und Kriegsekel, Transmissionsmedien zur Übertragung und den Konsequenzen infolge einer Weitergabe des Traumas, erarbeitet. Auch die individuelle Bewältigung von Traumata ist Bestandteil dieser wissenschaftlichen Arbeit. Schlussendlich, bevor im Fazit eine geringfügige Kritik an diesem psychoanalytischen Phänomen geäußert wird, wird die Theorie nochmals anhand eines Fallbeispiels nach Ilany Kogan gefestigt.

2 Der Holocaust als Folge des Antisemitismus im Nationalsozialismus

Laut Definition des Bundesverfassungsschutzes bezeichnet Antisemitismus „ein zentrales Ideologieelement des Rechtsextremismus [das] in allen seinen Äußerungsformen virulent [zu sein scheint], seien sie publizistisch, parlamentarisch oder auch aktionistisch orientiert." (BfV, https://www.verfassungsschutz.de/de/service/glossar/_lA#antisemitismus) Im Zentrum des rechtsextremistischen Antisemitismus stehen hierbei die pauschale Ablehnung des Judentums und alles Jüdischen. Im Folgenden soll nun geklärt werden, wie ebenjene rassistische Haltung der deutschen Bevölkerung zur Zeit des Nationalsozialismus zu den Schrecken des Holocaust führen konnten.

Mit der Machtübernahme der Nationalsozialisten am 30. Januar 1933 begann zugleich auch die Unterdrückung der jüdischen Bevölkerung in Deutschland. Vorerst noch darauf ausgerichtet die Juden mithilfe diskriminierender Handlungen aus der Gesellschaft oder gar aus dem Land zu vertreiben, wie etwa durch systematische Boykottaktionen gegen jüdische Geschäfte, Arztpraxen und Anwaltskanzleien, sollten schon wenige Jahre später härtere Maßnahmen ergriffen werden. (vgl. Ortag 2004, S.109)

In den Jahren 1933 bis 1939 wurde das Leben jüdischer Menschen in Deutschland beinahe unerträglich. Doch trotz aller Repressionen verblieben viele deutsche Juden weiterhin im Land, welches sie noch immer als ihre Heimat ansahen. Diese Entscheidung sollte zahllosen Menschen zum Verhängnis werden, insbesondere nach Erlass der Nürnberger Gesetze am 15. September 1935. Denn mit dem Inkrafttreten der Nürnberger Gesetze, bestehend aus dem Blutschutzgesetz und dem Reichsbürgergesetz, war nun die rechtliche Grundlage für die Verfolgung der Juden in Deutschland geschaffen. Von diesem Zeitpunkt an war eine antisemitische Haltung nicht nur legal, sondern überdies auch gesetzlich vorgeschrieben. (vgl. Freyberger H. & Freyberger H. J. 2011, S.537)

Einen weiteren tiefen Einschnitt im Leben der in Deutschland lebenden Juden markiert der 7. November 1938, der Tag an dem der jüdisch-polnische Staatsbürger Herschel Feibel Grynszpan den Legationssektretär der deutschen Botschaft, Ernst von Rath, in Paris erschießt. Der Mord am Legationssektretär sollte in erster Linie Herschels Protest an der Abschiebung seiner Familie zum Ausdruck bringen. Doch Josef Goebbels und das antisemitisch eingestellte nationalsozialistische Regime nutzten ebenjene Tat als Vorwand für die „Reichskristallnacht", welche vielen deutschen Juden das Leben kostete. (vgl. Freyberger H. & Freyberger H. J. 2011, S.538) (vgl. Ortag 2004, S.116)

In der Nacht vom 9. auf den 10. November wurden Synagogen in Brand gesetzt, jüdische Geschäfte und Wohnungen demoliert und Juden verhaftet oder gar ermordet. Auch nach jener Nacht blieb die Lage der in Deutschland lebenden Juden weiterhin aussichtslos. Zunächst wurde ihnen auferlegt den „Judenstern" als Erkennungsmerkmal zu tragen und

3

abhängig vom Geschlecht den Namen „Sara" oder „Israel" anzunehmen, bis im Jahre 1941 die Deportationen in die Konzentrations- bzw. Vernichtungslager begannen, wo Millionen von Menschen ihr Leben ließen. Heute geht man davon aus, dass etwa zwei Drittel der sechs Millionen deutschen Juden, welche Opfer des Holocaust (auch: Shoah) wurden, in Konzentrationslagern mittels Gaskammern ermordet wurden. (vgl. Freyberger H. & Freyberger H. J. 2011, S.538f)

3 Begriffdefinitionen

Bevor nun im weiteren Verlauf dieser wissenschaftlichen Arbeit das Forschungsthema der Transgenerationalen Weitergabe des Holocausttraumatas näher betrachtet wird, sollen zum Zweck des besseren Verständnisses einige elementare Termini hinreichend definiert werden. Das Festlegen auf eindeutige Begriffsbestimmungen ist dringend erforderlich, um meine Ausarbeitung der Thematik zu begreifen. Andere Sozialwissenschaftler nutzen andere Definitionen der Begriffe Trauma, Übertragung und Transgenerationalität. Im Folgenden sollen diese Begriffe nun nach meinem Verständnis mithilfe entsprechender Literatur erläutert werden.

3.1 Trauma

Wie bereits in Punkt 3 „Begriffsdefinitionen" angesprochen gibt es nicht die eine allgemeingültige Definition des Ausdrucks „Traumata". Vielmehr haben im Laufe der Zeit diverse Wissenschaftler den Versuch unternommen das Trauma nach ihrem Verständnis zu erklären.

So beschreiben beispielsweise die Autoren des Lehrbuch der Psychotraumatologie ein psychisches Trauma „als ein vitales Diskrepanzerlebnis zwischen bedrohlichen Situationsfaktoren und den individuellen Bewältigungsmöglichkeiten, das mit Gefühlen von Hilflosigkeit und schutzloser Preisgabe einhergeht und so eine dauerhafte Erschütterung von Selbst- und Weltverständnis erwirkt." (Fischer et al., 2009, S.79) Hofmann wiederrum erkennt den traumatischen Prozess als eine Art Wundheilung. Denn sowohl während eines traumatischen Prozesses, als auch im Prozess der Wundheilung infolge einer physischen Verletzung besteht die Möglichkeit, dass trotz allem verschiedene Krankheitsbilder auftreten. Darüber hinaus können beide Verletzungen, sowohl Psychische, als auch Physische, den Eindruck erwecken zu heilen, während die wahren inneren Schäden nach außen kaum sichtbar sind. (vgl. Bachhofen 2012, S.17)

Als eine weitere, jedoch nicht minder interessante Definition des Terminus „Traumata" soll diejenige von Reddemann herangezogen werden. Reddemann vergleicht das Trauma mit einer schmerzlichen Erfahrung die durch eine von drei Traumaquellen ausgelöst werden kann: „[Jene], die vom Menschen zugefügt wurden, [jene], die apersonal sind (Naturkatastrophen, Verluste nahestehender Personen), und [solche], die [„kollektiv"] geschehen, wie z.B. Kriegserfahrungen." (Bachhofen 2012, S.17) Nach sorgfältiger Überlegung soll im Kontext dieser wissenschaftlichen Arbeit ebendiese letzte Definition als grundlegende Beschreibung des Begriffs „Trauma" dienen, da sie sich unter anderem mit kollektiven Traumaquellen, wie etwa dem Holocaust, beschäftigt. Doch inwieweit sich die schädigende Kraft eines traumatisierenden Erlebnisses auf den Einzelnen auswirkt ist auch immer abhängig vom sozialen Kontext und der Stabilität seiner seelischen Struktur. (vgl. Bachhofen 2012, S.17)

3.2 Übertragung

Das Phänomen der Übertragung wurde erstmals vom Begründer der Psychoanalyse, Sigmund Freud, beobachtet und zählt heute zu den Grundlagen dieses psychologischen Fachgebiets. Es beschreibt im Allgemeinen den überwiegend unbewussten Vorgang verdrängte Gefühle aus der Vergangenheit auf neue soziale Kontakte in der Gegenwart zu übertragen und zu reaktivieren. Genauer noch können ebenfalls verdrängte Wünsche, Befürchtungen und Erwartungen, seien sie positiv oder negativ, übertragen werden. Oftmals sind es jedoch die negativen Aspekte, wie beispielsweise auch ein Trauma das die Vergangenheit mittels Übertragung mit der Gegenwart verknüpft und diese beeinflusst. Anders formuliert findet beim unbewussten Prozess der Übertragung eine Neuinszenierung von Erinnerungen statt, jedoch unter veränderten äußeren Bedingungen. (vgl. Freud 1991)

Die Übertragung ungelöster Konflikte und Traumata kann im Vergleich zur Übertragung positiver Gefühle allerdings die individuelle Wahrnehmung der Gegenwart in negativer Weise verzerren und infolgedessen die gegenwärtige Realität, sowie die sozialen Beziehungen beeinträchtigen und im schlimmsten Falle sogar zerstören. Noch expliziter wird dieses Phänomen in Punkt 7.3 „Fallspezifische Übertragung des Holocausttraumas an Folgegenerationen" erklärt.

3.3 Transgenerationalität

Als ein eigens für die Forschungen der Psychoanalyse entwickeltes Phänomen umfasst die Transgenerationalität sogenannte transgenerationale Übertragungen. Wie bereits in der vorangegangenen Definition zur Übertragung beschrieben, besteht die Möglichkeit, dass traumatische Erfahrungen, die von Betroffenen nicht verarbeitet werden, für sie selbst und auch nahestehenden Personen als eine lebenslange Belastung bestehen bleiben können. Mittels Albträumen, Fantasien oder auch durch das unbewusste Verhalten nachfolgender Generationen können ungelöste Konflikte abermals in Erscheinung treten. Insbesondere aufgrund von Erfahrungen mit Missbrauch und Misshandlung, ebenso wie durch Kriegserfahrungen treten transgenerationale Übertragungen bei nachfolgenden Generationen auf. Das Konzept der Transgenerationalität wird hierbei jedoch nicht als eine genetische Übertragung begriffen. Vielmehr konzentriert sich die transgenerationale Übertragung auf psychische Güter, die infolge eines traumatischen Erlebnisses auf Verwandte, speziell auf Kinder und Enkel, übertragen, bzw. an sie vererbt werden. Freud bezeichnete diese Verbundenheit zwischen Eltern und ihren Kindern als „Gefühlserbschaft". (vgl. Ostheimer 2013, S.29) (vgl. Jureit 2006, S.70f) (vgl. Moré 2015. S. 63)

Jenes Phänomen konnte in besonderem Maße bei Kindern und Enkeln der Holocaust-Überlebenden beobachtet werden, nachdem diese vermehrt therapeutische Hilfe anforderten. Die Extremtraumatisierung der Eltern veränderte in vielen Fällen die psychische Struktur der Betroffenen, ebenso wie deren individuelle Persönlichkeit. Schlussendlich manifestierte sich das Holocausttrauma, oder auch das Überlebenden-Syndrom der Hinterbliebenen in einigen Fällen auch bei den Nachkommen. (vgl. Moré 2015. S. 63f)

4 Das Trauma der Überlebenden des Holocaust

„Als sich 1945 die Tore der NS-Konzentrationslager öffneten, wurden Zehntausende von Lagerinsassen befreit, die physisch und psychisch in einer die menschliche Vorstellungskraft übersteigenden Weise heruntergekommen waren." (Zajde 2011, S. 17) Durch Folter, Hunger und Sklaverei gezeichnet, sollten die Überlebenden im Zuge ihrer Befreiung in den darauffolgenden Jahren resozialisiert und aufgrund ihrer traumatischen Erfahrungen therapiert werden, um möglichen Folgeschäden entgegenzuwirken. (vgl. Zajde 2011, S. 17) Jahre später entstanden die ersten wissenschaftlichen Arbeiten bezüglich der psychischen Auswirkungen auf die Überlebenden, infolge ihrer qualvollen Erlebnisse während des

Holocaust. Viele davon handelten vom sogenannten KZ- oder Überlebenden-Syndrom. Dies zeichnet sich im Falle der Shoah hauptsächlich durch die Schuldgefühle so mancher Hinterbliebenen aus, die Schrecken des Holocaust überlebt zu haben, während unzählige Juden gestorben sind. Doch während die plagenden Schuldgefühle sicherlich ein Hauptmerkmal des KZ-Syndroms darstellen, so definiert sich Trauma der Überlebenden doch auch durch die allgegenwärtige Angst vor einer Wiederholung des Erlebten. Das Leben der betroffenen Juden ist bis heute noch mitunter von Gefühlen der Schutzlosigkeit und Rechtlosigkeit geprägt. (vgl. Zajde 2011, S.17ff)

Weiterhin ist das Holocausttraumata durch folgende Symptome gekennzeichnet: Überlebende leiden unter anderem an Depressionen aufgrund gedanklichen Wiedererlebens des traumatischen Erlebnisses, Schlaflosigkeit wegen traumatischen Träumen und ständiger Unsicherheit. Innere Unruhe ist ein anhaltender Zustand, ebenso wie Angst und der Rückzug in sich selbst. Selbstredend ist jene Symptomatik auch immer abhängig vom Individuum und seiner psychischen Konstitution, wie bereits in der Definition zum Traumatabegriff erklärt. Ein jeder Betroffene geht anders mit solch traumatischen Erfahrungen um. (vgl. Zajde 2011, S.18ff)

5 Transgenerationale Weitergabe des Holocausttraumas

Die Transgenerationale Weitergabe des Holocausttraumas basiert auf dem bereits behandelten Konzept der Transgenerationalität. Doch kommen im Zusammenhang mit dieser Thematik bisher noch ungelöste Fragen auf: „Kann ein Holocaust-Überlebender sein Trauma [tatsächlich] an sein Kind weitergeben und kann das Kind die Last des Holocaust-Traumas von seinen Eltern [„erben"]? Wenn ja, wie findet diese Traumatransmission statt? [Und wenn] die Nachkommen den Holocaust nicht am eigenen Leib erlebt haben, wie ist es dann möglich, dass sie an seinen Folgen leiden […]?" (Kellermann 2011, S.142) Das alles sind Fragen, die es in dieser wissenschaftlichen Arbeit in groben Zügen zu beantworten gilt.

Die Transgenerationale Weitergabe, oder auch Übertragung von Traumata ist ein recht merkwürdiges Phänomen, da es doch auf psychischer Ebene stattfindet und für Außenstehende nicht direkt greifbar scheint. Beispielsweise empfindet eine Frau das Gefühl der Angst vor einer Schwangerschaft weil ihre Mutter im Krieg ein Kind verloren hat. Ein Vater bricht sich als Jugendlicher beim Fußballspielen das Bein und überträgt diese Erfahrung Jahre später unbewusst auf seinen Sohn, wodurch dieser wiederrum als Heranwachsender an einer Beinlähmung leidet. Hat man eine solche transgenerationale Übertragung nicht selbst erlebt ist es ohne eine gewisse Offenheit gegenüber psychoanalytischen Prozessen schwierig diese Kausalzusammenhänge zu begreifen. (vgl. Kellermann 2011, S.142)

Entgegen der Zweifel an der transgenerationalen Weitergabe von Traumata verweist Kellermann in diesem Zusammenhang auf die Volksweisheiten „Der Apfel fällt nicht weit vom Stamm" und „Wie der Vater so der Sohn". Ein jeder kennt die beiden Sprichwörter und gesteht ihnen auch einen bestimmten Wahrheitsgehalt zu. Es ist faktisch bewiesen, dass das Erziehungsverhalten der Eltern auch immer einen Einfluss auf das spätere Verhalten des Kindes hat. Es sei dahin gestellt ob der Einfluss sich nun positiv oder negativ ausprägt. Nichtsdestotrotz glauben Menschen an die transgenerationale Weitergabe von Verhaltensweisen, während ihnen die transgenerationale Übertragung eines Traumatas ein Mysterium bleibt. (vgl. Kellermann 2011, S.142)

Im Folgenden möchte ich nun den Lesern ebendieses Phänomen verdeutlichen, indem ich im ersten Schritt die Generationen jüdischer Kriegskinder und Kriegsenkel definiere. Es soll klar werden inwieweit sich die beiden Generationen unterscheiden. In einem nächsten Schritt soll auf eine der Anfangsfragestellungen dieses Gliederungspunktes eingegangen werden, nämlich die Frage nach dem Prozess der Traumatransmission. In Punkt 5.4. wird dann über die Konsequenzen infolge einer Traumaweitergabe an die Folgegeneration gesprochen.

5.1 Generation jüdische Kriegskinder, Generation jüdischer Kriegsenkel

Als Kriegskinder werden in dieser wissenschaftlichen Arbeit diejenigen Menschen bezeichnet, welche den Krieg und die Nachkriegszeit noch selbst miterlebt haben. Zwar ist diese Setzung, wie Bachhofen ins seinem Werk „Trauma und Beziehung" bereits schreibt, recht willkürlich, doch sie macht dennoch Sinn vor 1949 geborene Menschen in die Definition der Kriegskinder miteinzubeziehen, da sich ein jeder, egal ob Kind, Jugendlicher oder Erwachsener, nach Ende des Krieges hilflos, ohnmächtig und in seinen Verarbeitungsmöglichkeiten überfordert fühlten, sodass ein Trauma zurückbleiben konnte. Nichtsdestotrotz waren die traumatischen Erlebnisse für die damaligen Kinder natürlich schwieriger zu verarbeiten, als für Jugendliche oder Erwachsene, da deren seelische Entwicklung bis dato noch nicht ausgereift war. (vgl. Bachhofen 2012, S.126)

Speziell auf die jüdische Bevölkerung bezogen sollte hier jedoch das Jahr 1945 als Grenze zwischen Kriegskind und –enkel gelten, da es den Zeitpunkt der Befreiung aus den

Konzentrationslagern und damit das Ende des Holocaust markiert. Dementsprechend würde ich die Generation der jüdischen Kriegsenkel ab 1946 einordnen. Hierunter zählen diejenigen Kinder, die nach dem Holocaust und somit außerhalb der Konzentrationslager geboren und in Sicherheit aufgewachsen sind. Sie selbst haben zwar nie das gesamte Ausmaß des Terrors der Shoah erfahren müssen, doch wurden im Verlauf der Jahre einige traumatischen Erfahrungen der Eltern unbewusst auf sie übertragen.

Schlussendlich ist eine geschichtlich exakte Einordnung hier jedoch nicht weiter von Belang. Vielmehr soll dem Leser mit dieser groben Einteilung der Generationen klar gemacht werden, wie das Holocausttrauma über verschiedene Generationen hinweg erhalten bleiben konnte. (vgl. Bachhofen 2012, S.126f)

5.2 Weitergabe durch Transmissionsmedien

Um die Theorie und damit den Wahrheitsgehalt der Übertragung von Traumatas, speziell das Holocausttrauma betreffend, zu untermauern gilt es nun eine umfassende Transmissionstheorie darzustellen. „Einer solchen umfassenden Theorie würde es obliegen, die generationsübergreifenden Holocaust-Traumafolgen entweder aus biologischer oder aus psychosozialer Perspektive zu erklären, unter Einbeziehung des psychoanalytischen Modells sowie des Familiensystem- und Sozialisationsmodells." (Kellermann 2011, S.145)

Alle diese Theorien sind grundsätzlich verschieden doch haben sie eines gemeinsam: Stillschweigend geht ein jedes der oben genannten Modelle davon aus, dass sich zwischen dem traumatisierten Elternteil und dem, in einer Übertragung, aufnehmenden Kind ein sogenanntes „Transmissionsmedium" befindet. In „»Geerbtes Trauma« - Die Konzeptualisierung der transgenerationellen Weitergabe von Traumata" vergleicht Kellermann ein solches Medium mit einem Insekt. Spezielle Insektenarten sind dazu in der Lage Viren von Mensch zu Mensch zu übertragen. Weiterhin schreibt er, dass das Holocausttrauma in diesem Zusammenhang und „[im Rahmen des Konzepts der transgenerationellen Weitergabe von Traumata [...] als eine Art Infektionskrankheit [angesehen werden muss, die] durch direkten und indirekten Kontakt über einen solchen Infektionsagenten übertragen wird." (Kellermann 2011, S.145) Im Folgenden werden die diversen Transmissionsmedien, ebenso wie die Transmissionsfaktoren den einzelnen Theorien zugeordnet. (vgl. Kellermann 2011, S.145)

Das Modell des Familiensystems geht davon aus, dass die Übertragung eines Traumas mittels einer gestörten Kommunikation zwischen Elternteil und Kind stattfindet. Das Holocausttrauma betreffend sollte die Thematik in einer „ausgewogenen" Art besprochen werden, damit der Zögling das erlebte Trauma der Eltern leichter verarbeiten kann. Basierend auf übermäßiger oder auch unzureichender Betrachtung der Geschehnisse kann dies jedoch eine schädliche Wirkung annehmen. Eine, auf die Individuen angepasste, Balance ist hier vonnöten. (vgl. Kellermann 2011, S.145)

Die Sozialisationstheorie hingegen sieht im Erziehungsstil der Eltern den Grund für die, unter Umständen, transgenerationale Weitergabe eines Traumatas. Infolge unangemessenen Erziehungsverhaltens besteht die Möglichkeit einer starken gegenseitigen Abhängigkeit zwischen betroffenem Elternteil und Kind. Dies wiederum kann die allgemeine Familienatmosphäre beeinträchtigen und im Zuge dessen das Verhalten des Nachkommen negativ beeinflussen. (vgl. Kellermann 2011, S.145f)

Ausgehend von biologischen Theorien betrachtet Kellermann die genetischen und/oder biochemisch bedingten Veranlagungen als primäres Transmissionsmedium. Durch Gene bestimmt würde dies bedeuten, dass die wesentlichen Persönlichkeitsmerkmale von den Eltern aufs Kind übertragen werden, ebenso wie gewisse Geisteskrankheiten vererbbar sind und betreffende Krankheiten auslösen können. Als Transmissionsfaktor gilt hier die angeborene Anfälligkeit. (vgl. Kellermann 2011, S.145f)

Zuletzt soll in diesem Kontext die Psychoanalyse bearbeitet werden, welcher hierbei, aufgrund des thematischen Schwerpunktes des zugehörigen Seminars „Psychoanalytische Sozialforschung", einen höheren Stellenwert zugesprochen wird und dementsprechend tiefergehend behandelt werden soll. Die Psychoanalyse, schreibt Kellermann, erkennt das Unterbewusste als Übertragungsmedium von Traumatas zwischen den Generationen an. Als an sich bereits infizierendes Transmissionsmedium, kann sein ansteckender Effekt weiter verstärkt werden, sollte das Unbewusste nicht eines Tages bewusst anerkannt werden. Die schädliche Wirkung kann jedoch vermindert werden, indem Betroffene, wie beispielsweise die Opfer des Holocaust, ihre verdrängten Emotionen durcharbeiten. Bereits in seiner Schrift „Totem und Tabu" hat der Begründer der Psychoanalyse, Sigmund Freud, über den Vorgang der transgenerationalen Weitergabe von emotionalen Prozessen geschrieben. Weiterhin ist bekannt, dass Psychoanalytiker in der Forschung bezüglich der transgenerationalen Weitergabe von Traumatas, speziell in der Übertragung des Holocausttraumas dominieren. Um ebenjenes Phänomen der transgenerationalen Weitergabe eines Traumatas nach

Aneignung des Wissens über Transmissionsmedien, insbesondere über die Psychoanalyse, nochmals zu betrachten, dient folgende Definition: „[Wenn] eine ältere Person ihr traumatisiertes Ich unbewusst auf die Persönlichkeit des sich entwickelnden Kindes externalisiert[, spricht man von einem Übertragungsprozess zwischen den Generationen]. Das Kind wird dann zu einem Sammelbecken für die unerwünschten, verstörenden Aspekte der älteren Generation. Aufgrund des Einflusses, den die Vorgeneration auf das Kind ausübt, absorbiert es deren Wünsche und Erwartungen und wird veranlasst, sich entsprechend zu verhalten. So übernimmt das Kind die Pflicht der Trauerarbeit und der Rückgängigmachung der Erniedrigungs- und Hilflosigkeitsgefühl, das mit dem Trauma der Vorgeneration verbunden ist." (Kellermann 2011, S.146) (vgl. Kellermann 2011, S.145f)

5.3 Konsequenzen infolge einer Weitergabe des Traumas

Nachdem nun die Generation jüdischer Kriegskinder bis hierhin bereits zur Genüge thematisiert wurde soll nun auf die Konsequenzen infolge einer Weitergabe des Holocaust-Traumas auf die Generation jüdischer Kriegsenkel eingegangen werden. Es sind nicht nur die Eltern die mit den Schrecken zur Zeit des Holocaust leben müssen. Auch deren Kinder haben, ausgehend von der Annahme die Holocaust-Traumatisierung der Eltern absorbiert zu haben, mit dem Erbe der Vorgeneration zu kämpfen. Zwar widerlegen diverse Forschungen die Theorie, dass die zweite Generation der Holocaustopfer vergleichsweise häufiger an emotionalen Störungen leiden würde, doch konnte nachweislich bestätigt werden, dass etwa 15 Prozent der Kriegsenkel trotz allem am sogenannten second-generation-Syndrom erkranken. Ebenjenes Syndrom kann, basierend auf der Beobachtung betroffener Fälle sowie auf Grundlage entsprechender Literatur, unter anderem Auslöser für psychische Krankheiten wie etwa eine Posttraumatische Belastungsstörung sein. Darüber hinaus gibt es Grund zur Annahme, dass das second-generations-Syndrom bei den Leidtragenden der Folgegeneration auch Angst- und Depressionsphasen in Krisenzeiten auslösen kann, ebenso wie eine mögliche Persönlichkeitsstörung oder andere neurotische Konflikte. In anderen Fällen wiederrum wird das berufliche, sowie soziale und emotionale Verhalten von Betroffenen mehr oder weniger stark beeinträchtigt. (vgl. Kellermann 2011, S.155f)

Nochmals bezogen auf das Holocausttraumata ist bei den Kindern der Opfer mehrfach zu beobachten, wie sie von den negativen Erfahrungen ihrer Eltern verfolgt werden. Geprägt von Bildern der Vernichtung, des Verlusts und der Flucht, welche sie von der Vorgeneration übernommen haben, verschlimmert sich ihr Zustand ständiger Angst durch die intensive Beschäftigung mit dem Holocaust. Diese Angst vor einer vermeintlich unentrinnbaren Wiederholung der Geschichte ihrer Eltern, bezeichnet Kellermann als das Hauptsymptom der Traumatisierung und dem second-generation-Syndrom. (vgl. Kellermann 2011, S.157) Doch ist es einem jeden Kind eines Holocaust-Opfers selbst überlassen, wie es mit dem übertragenen Trauma seiner Eltern umgeht. Natürlich sehen viele der Betroffenen das Trauma ihrer Eltern als einen Fluch, doch gibt es wiederrum diejenigen, welche die traumatischen Erfahrungen des Holocausts als ein prägendes und sinnstiftendes Vermächtnis betrachten. (vgl. Kellermann 2011, S.158)

6 Individuelle Bewältigung von Traumata

Wie zu erwarten geht ein jeder Betroffene individuell mit seinen traumatischen Erfahrungen um. Mit dem Ziel der Bewältigung eines Traumas „geht es [generell] natürlich immer darum, dass möglichst verhindert werden soll, dass man erneut in eine traumatische Situation gerät. Wie schon gesagt, haben traumatisierte Menschen eben keine Angst davor, dass ihnen etwas passieren könnte. Sie haben Angst davor, dass ihnen etwas **erneut** passiert." (Bachhofen 2012, S.128f) Um also eine erfolgreiche Bewältigung eines Traumatas zu erwirken, gilt es sich bestmöglich vor einer Wiederholung des Geschehenen zu schützen. (vgl. Bachhofen 2012, S.128f)

Bachhofen hat im Zuge dessen ein Modell zur individuellen Bewältigung von Traumata entworfen. Hierzu beschreibt er drei grob definierte Möglichkeiten mit der Angst vor einer Wiederholung umzugehen. Als eine erste Option nennt er die Herstellung von Beziehungen zu anderen Menschen, mit welchen man im optimalen Fall über das Geschehene sprechen kann. Die mit dem schrecklichen Geschehen verbundenen Gefühle und Erinnerungen sollen im gemeinsamen Dialog rekonstruiert werden, um sich infolge dessen klar zu werden, dass die damalige Hilflosigkeit und Machtlosigkeit nunmehr verschwunden ist. Indem die unbewussten, bzw. verdrängten Gefühle von Schmerz, Trauer, Wut und Angst aufgearbeitet werden, können sich diese im Laufe der Zeit allmählich auflösen. Doch waren nach dem Holocaust viele der möglichen Ansprechpartner auch in einem solch enormen Ausmaß traumatisiert, dass diejenigen selbst Hilfe benötigten. Erst Jahrzehnte später konnte die Mehrheit traumatisierter Holocaustopfer und deren Nachkommen mittels therapeutischer Hilfe behandelt werden. (vgl. Bachhofen 2012, S.129)

Die zweite Möglichkeit, um der Angst vor einer Wiederholung der traumatischen Geschehnisse entgegenzuwirken, besteht in einer Art Abhärtung. Dabei wird das Trauma, ebenso wie die damit verbundenen Gefühle, größtenteils von der Psyche abgestoßen und ignoriert. Ausgenommen sind hierbei Aggressionen, welche weiterhin bestehen bleiben. Daraus resultierend scheinen die Betroffenen von außen extrem streng mit sich selbst und anderen gegenüber zu sein. Mitmenschen sind ihnen gleichgültig, solange sie sich nicht gegen die traumatisierten Personen stellen. Konflikte lösen sie mittels ihrer Aggressionen und Gewalt, da sie sich überlegen und oft unverwundbar fühlen. (vgl. Bachhofen 2012, S.130f)

Der Aufbau einer „Heile Welt", in welcher die Möglichkeit der Wiederholung eines Traumatas minimiert wird, nennt Bachhofen als eine dritte Option der Vorbeugung. Weiterhin schreibt er, dass ebendiese individuelle Bewältigung als die wohl Häufigste im Nachkriegsdeutschland gilt. Durch die Hoffnung, die mit dem Bau einer heilen Welt einhergeht, soll das Gefühl der Angst vor einer Wiederholung beseitigt werden. Ebenso wie im Falle der Abhärtung wird das Trauma von der Psyche abgespalten und ignoriert. Doch anders als zuvor wird auch die Aggression weitgehend ins Unterbewusste verlagert. (vgl. Bachhofen 2012, S.131)

7 Ilany Kogans „Eine Reise durch das Eisschloss"

Nachdem nun die Theorie der transgenerationalen Weitergabe von Traumata am Beispiel des Holocaust ausreichend behandelt wurde, soll ebendiese anhand eines Fallbeispiels nach Ilany Kogan nochmals verdeutlicht werden. In seinem Werk „Der stumme Schrei der Kinder" schreibt Kogan über die zweite Generation der Holocaust-Opfer und wie diese Kinder das Trauma ihrer Eltern geerbt haben. Auf klinischen Erfahrungen basierend, erkennt der Lehranalytiker die anachronistische Macht, welche die Vergangenheit der Eltern auf die Gegenwart des Kindes ausübt. So auch in seinem ersten Fallsbeispiel „Eine Reise durch das Eisschloß", in welchem Kogan die Übertragung eines Holocausttraumas von den Eltern auf das Kind bis zur dritten Generation untersucht. Ausgehend von diesem Beispiel ist in jeder der Generationen zu sehen, wie die Mutter Gefühle von Schuld und Depression auf die Tochter projiziert. Infolgedessen wird die jeweilige Tochter aufgrund der Identifizierung mit diesen negativen Gefühlen ihrer Mutter unfähig, eine Selbstdifferenzierung zu erlangen. Im Folgenden wird nun der Ablauf der Fallgeschichte geschildert. (vgl. Kogan 2007, S.17ff)

7.1 Fallbeispiel

Im Alter von 35 Jahren ersuchte Gabrielle, Tochter einer Überlebenden des Holocausts, erstmals ärztliche Hilfe mit der Begründung keine Zufriedenheit in ihrem Leben und in ihren persönlichen Beziehungen finden zu können. Zwar war sie bereits seit 15 Jahren verheiratet, hatte zwei Söhne und eine Tochter und darüber hinaus auch eine feste Anstellung als Sekretärin in einem medizinischen Labor, doch waren die Schattenseiten ihres Lebens für die Außenwelt nicht sichtbar. Zum Zeitpunkt der Behandlung stand Gabrielles Ehe kurz vor dem Zusammenbruch und es plagten sie Ängste ihre behinderte Tochter, bei welcher im Alter von zweieinhalb Jahren emotionale Probleme diagnostiziert worden waren, im Falle einer Scheidung allein und ohne jede Hilfe großziehen zu müssen. (vgl. Kogan 2007, S.24)

Im Jahre 1946 nahe der polnischen Grenze zur Welt gekommen, wurde Gabrielle als Tochter einer Überlebenden des Holocaust und eines behinderten Vaters, der von seiner Kindheit an hinkte, in eine eher unharmonische Ehe ohne gegenseitige Unterstützung hineingeboren. Die Mutter galt als einzige überlebende Angehörige einer großen Familie, welche fast vollständig im Holocaust ermordet wurde. Mit 17 Jahren jedoch gelang es Gabrielles Mutter in den Wald zu fliehen und im Zuge dessen die Shoah zu überleben. Von den psychischen und physischen Narben durch die traumatischen Erlebnisse während des Holocaust gezeichnet, ertrug die später 50-Jährige ihr damalig eingeschränktes Leben nicht mehr und verstarb infolge einer Nierentransplantation, nur wenige Tage bevor Gabrielle ihren ersten Sohn zur Welt brachte. (vgl. Kogan 2007, S.24)

Gabrielle lernte ihren Ehemann während des Militärdienstes kennen. Schon damals fand sie keine Erfüllung in langfristigen Beziehungen. Nichtsdestotrotz heiratete sie den Armeeoffizier, entgegen ihres nicht vorhandenen Vertrauens in die Ehe und ihrer Träume von einer beruflichen Karriere im Bereich der Medizin. In den darauffolgenden ersten drei Jahren ihrer Partnerschaft wurden zwei Söhne geboren, die vom Wesen her zumeist ruhig und angenehm waren und sich in jeder Hinsicht normal entwickelten. Infolge ihrer Entscheidung drei Jahre später ein drittes Kind zu bekommen, kam ihre Tochter zur Welt, welche sich drastisch vom Charakter der beiden Söhne zu unterscheiden schien. Das kleine Kind „schrie unaufhörlich, lächelte nie, wies die Mutter zurück; im Alter von zweieinhalb Jahren wurden Gefühls- und Entwicklungsprobleme diagnostiziert." (Kogan 2007, S.25) (vgl. Kogan 2007, S.25)

Ebenso wie die Ehe ihrer Eltern, war auch Gabrielles eheliche Beziehung alles andere als

14

harmonisch und liebevoll. Doch trotz ihrer Probleme und einer zwischenzeitlich „offenen Ehe" suchte das Paar eine Eheberatung auf und ging überdies mit ihrer Tochter zur Therapie. Doch im Nachhinein, während Gabrielle erstmals zur Behandlung kam und sie bereits in Trennung lebte, beschrieb sie ihre Ehe als eine perverse und sadomasochistische mit schmerzvollen und demütigenden Vorkommnissen. In der darauffolgenden Zeit kam der Vater zwar für die finanziellen Bedürfnisse der Kinder auf, war abgesehen davon jedoch in Gabrielles Leben und im Leben der Kinder weitestgehend abwesend. Ihre Befürchtungen wurden wahr: Die 35-Jährige war alleinerziehende Mutter ihrer zwei Söhne und ihrer emotional eingeschränkten Tochter. (vgl. Kogan 2007, S.25)

7.2 Fallspezifische Übertragung des Holocausttraumas an Folgegenerationen

Anhand der von Ilany Kogan durchgeführten psychoanalytisch orientierten Psychotherapie mit dem Ziel dem geerbten Trauma ihrer Patientin Gabrielle auf den Grund zu gehen, konnten in Bezug auf das Fallbeispiel folgende Traumatisierungen, welche von Generation zu Generation weitergegeben wurden, festgestellt werden:

Das transgenerationale Traumata, ausgelöst durch den Verlust des autonomen Selbstgefühls, stammt aus der belastenden Traumatisierung der Mutter. Gabrielle war ebendiesen schmerzlichen Erfahrungen bereits in jungen Jahren ausgesetzt, in einer Entwicklungsstufe der Introjektion und Projektion. Es war beinahe so, als hätte sie die schrecklichen Erlebnisse ihrer Mutter während des Holocaust am eigenen Leib erfahren, „weil sie von den Gefühlen der Mutter vollständig absorbiert wurde, und zwar zu einer Zeit, als ihr die Fähigkeit des Erwachsenen fehlte, eine solche Traumatisierung zu organisieren, zu konzeptualisieren und zu artikulieren." (Kogan 2007, S.50) Darüber hinaus schreibt Kogan, dass das Trauma durch den unbewussten Prozess der Identifizierung und aufgrund der Unfähigkeit zur Differenzierung zwischen Selbst und Objekt, weitergegeben wurde. Die Tochter der jeweiligen Nachfolgegeneration empfand es demnach als essentiell, in der Vergangenheit der Mutter zu leben. (vgl. Kogan 2007, S.49f)

Des Weiteren nennt Ilany Kogan das Im-Stich-Lassen des Kindes als transgenerationale Traumatisierung. Gabrielle bemerkte im Laufe ihres Lebens einen gewissen Zusammenhang zwischen den Aspekten Geburt und Verlassenwerden. Bereits nach ihrer Geburt wurde sie von ihrer Mutter im Stich gelassen. Später, infolge des Todes ihrer Mutter wurde Gabrielle von ihr gänzlich und für immer verlassen, nur wenige Tage bevor sie ihren ersten Sohn zur

Welt brachte. „Daß Gabrielle [ihre eigene Tochter] im ersten Lebensjahr im Stich ließ, war das Ergebnis des Wiederholungszwangs, der mit ihrer eigenen Lebenserfahrung zusammenhing." (Kogan 2007, S.50) Laut Kogan gab es außerdem noch viele weitere Gründe, weshalb Gabrielle ihre Tochter nicht aufziehen konnte. Im Gegensatz zu ihren Söhnen, stellte die Tochter in gewisser Weise eine narzisstische Kränkung, aufgrund ihres organischen Geburtsfehlers, dar. Dies, so Gabrielle, stellt den mangelhaften Part ihrer selbst dar, den sie loswerden wollte. Darüber hinaus waren ihre Söhne blond, blauäugig und in ihrer Vorstellung arisch. Verglichen mit ihrer behinderten Tochter, welche ihrer eigenen Mutter ähnelte, hatten die beiden Söhne ihrer Meinung nach das größere Potential und im Falle eines erneuten Holocaust die besseren Chancen zum Überleben. Die Tochter hingegen verkörperte Gabrielles Hoffnungslosigkeit und war in den Augen der Mutter zu Tod und Vernichtung verurteilt. (vgl. Kogan 2007, S.50f)

Als eine letzte fallspezifische Übertragung des Holocausttraumas an Folgegenerationen nennt Kogan die Traumatisierung des Kindes, indem ihm die Option der Hoffnung und der Zukunft genommen wird. Als Gabrielles Mutter durch die Begegnung mit einem deutschen Offizier, der ihr gegen den Fuß trat, zum Invaliden wurde, verlor sie für Gabrielle die Rolle als Botschafterin der Hoffnung. Angesichts dieser folgeschweren Begegnung zwischen der Mutter und dem arischen Soldaten, erbte Gabrielle das Trauma und die damit einhergehende Vorstellung, dass die Welt ein grausamer und unsicherer Ort ist, voller Schmerz und ohne jegliche Hoffnung für die Zukunft. (vgl. Kogan 2007, S.51)

8 Fazit

Gewalt, Folter, Hunger, Sklaverei und Mord. Es ist unbestreitbar, dass den Überlebenden des Holocaust schlimme Dinge widerfahren sind. Doch wie anhand dieser wissenschaftlichen Hausarbeit erarbeitet wurde, leidet nicht nur die Generation der jüdischen Kriegskinder unter den traumatischen Erlebnissen. Auch die Nachfolgegeneration (auch: jüdische Kriegsenkel), ersucht noch heute ärztliche Hilfe zur Bewältigung des geerbten Holocaust-Traumas ihrer Eltern.

Natürlich gibt es nicht nur Befürworter zur Theorie der transgenerationalen Weitergabe von Traumata. Kritiker meinen, dass jene Theorie lediglich „abergläubischen Vorstellungen, wie die physische Realität mental beeinflusst werden kann" (Kellermann 2011, S.142), entspricht. Es scheint unrealistisch, dass eine Mutter, welche als Kind einen Wohnungsbrand knapp überlebte, die emotionalen Auswirkungen des Geschehenen an ihre Tochter weiter geben könnte und dass diese infolgedessen viele Jahre später selbst pyrophobe Neigungen entwickelt und an dementsprechenden Albträumen leidet, ohne jemals leibhaftig ein solch traumatisches Erlebnis erfahren zu haben. Dies gilt auch in Bezug auf das Holocaust-Traumata. Hinterließen die traumatischen Ereignisse während der Shoah solch folgenschwere emotionale Narben, dass Nachfolgegenerationen noch immer von ihnen betroffen sind? Nach meinem derzeitigen Erkenntnisstand und nach eingehender Recherche mittels geeigneter Literatur lautet die Antwort „Ja". (vgl. Kellermann 2011, S.142)

Aber ob man die transgenerationale Weitergabe von Traumata nun als absurde Idee oder als tatsächlich existierendes Krankheitsbild begreift liegt im Auge des Betrachters.

Quellenverzeichnis

Ortag, Peter (2004). *Jüdische Kultur und Geschichte – Ein Überblick.* Bonn: Landeszentrale für politische Bildung

Freyberger, Hellmuth & Freyberger, Harald J. (2011). *Holocaust.* In: Seidler, Günter H.; Freyberger, Harald J. &
    Maercker, Andreas (Hrsg.): *Handbuch der Traumatologie.* Stuttgart: Klett-Cotta Verlag, S.536-551

Bachhofen, Andreas (2012). *Trauma und Beziehung – Grundlagen eines intersubjektiven Behandlungsansatzes.*
    Stuttgart: Klett-Cotta Verlag

Freud, Sigmund (1992). *Zur Dynamik der Übertragung – Behandlungstechnische Schriften.* Fischer Verlag

Jureit, Ulrike (2006). *Generationenforschung.* Göttingen: Vandenhoeck & Ruprecht GmbH & Co. KG

Ostheimer, Michael (2013). *Ungebetene Hinterlassenschaften – zur literarischen Imagination über das familiäre
    Nachleben des Nationalsozialismus.* Göttingen: V&R unipress

Zajde, Nathalie (2011). *Die Schoah als Paradigma des psychischen Traumas.* In: Brunner, José & Zajde, Nathalie:
    Holocaust und Trauma – Kritische Perspektiven zur Entstehung und Wirkung eines Paradigmas.
    Göttingen: Wallstein Verlag, S.17-39

Moré, Angela (2015). *Die unbewusste Weitergabe von Traumata und Schuldverstrickungen an nachfolgende
    Generationen.* In: Mey, Günter (Hg.): *Von Generation zu Generation – Sozial- und
    kulturwissenschaftliche Analysen zu Transgenerationalität.* Gießen: Psychosozial-Verlag, S.63-90

Kellermann, Natan P. F. (2011). *»Geerbtes Trauma«- Die Konzeptualisierung der transgenerationellen
    Weitergabe von Traumata.* In: Brunner, José & Zajde, Nathalie: *Holocaust und Trauma – Kritische
    Perspektiven zur Entstehung und Wirkung eines Paradigmas.* Göttingen: Wallstein Verlag, S.137-160

Kogan, Ilany (2007). *Der stumme Schrei der Kinder – Die zweite Generation der Holocaust-Opfer.* Gießen: Haland
    & Wirth im Psychosozial-Verlag

Bundesamt für Verfassungsschutz: *Antisemitismus.* In: *Glossar.* Unter:
    https://www.verfassungsschutz.de/de/service/glossar/_lA#antisemitismus (abgerufen am 22.02.2016).